내 이야기가 진담이 될까 봐

정선우
2015년 『시와 사람』을 통해 시인으로 등단했다.
시집 『모두의 모과들』 『내 이야기가 진담이 될까 봐』를 썼다.

파란시선 0163 내 이야기가 진담이 될까 봐

1판 1쇄 펴낸날 2025년 9월 10일
지은이 정선우
인쇄인 (주)두경 정지오
디자인 이다경
펴낸이 채상우
펴낸곳 (주)함께하는출판그룹파란
등록번호 제2015-000068호
등록일자 2015년 9월 15일
주소 (10387) 경기도 고양시 일산서구 중앙로 1455 대우시티프라자 B1 202-1호
전화 031-919-4288
팩스 031-919-4287
모바일팩스 0504-441-3439
이메일 bookparan2015@hanmail.net

ⓒ정선우, 2025, printed in Seoul, Korea

ISBN 979-11-94799-09-2 03810

값 12,000원

*이 책 내용의 전부 또는 일부를 재사용하려면 반드시 저작권자와 (주)함께하는출판그룹파란 양측의 동의를 받아야 합니다.
*잘못된 책은 바꾸어 드립니다.
*지은이와의 협의 하에 인지는 생략합니다.
*이 책은 2025년 부산광역시, 부산문화재단 <부산문화예술지원사업>으로 지원을 받았습니다.

내 이야기가 진담이 될까 봐

정선우 시집

시인의 말

이 날씨는 모래 한 알로 시작되었다.

차례

시인의 말

제1부 모든 서사의 바깥
익스트림 익스프레스 – 11
숲에 달이 켜지고 나는 조금씩 젖고 – 12
안개와 너와 너의 안개 – 14
꽃 아닌 게 없다고 들었다 – 16
주크박스 – 18
폭설 – 20
폴라로이드 카메라 – 22
안개 – 24
나의 수중 세계 – 26
우리가 같은 문을 지났을까 – 28
역광이 바랠 때 – 30
마주한 의자가 비어 있다 – 32

제2부 덩굴장미 옆의 시간은 빨리 흘러가고
칸칸이 슬픈 – 37
서쪽 물가 흰 모래밭입니다 – 38
물고기자리 여자 – 40
기린을 기다리는 해변 – 42
유일한 숲 – 44
안녕이 여름처럼 차가워? – 46
눈사람 – 48
셀프텔러 – 50
얼굴의 훗날 – 52

오시리아로 불리는 밤 – 54
나귀—빈집 – 56
밤하늘의 트럼펫 – 58
피아노가 그려진 창문 – 60
낮달과 참외자리 – 62

제3부 구름, 혹은 형태가 문드러진 단팥빵 하나
허그와 러그 이야기 – 65
아직 그 봄을 보내지 못했네 – 68
글루미 선데이 – 70
깡 – 72
정선우 – 74
해가 뜨고 꽃이 지고—이상 시인에게 – 76
슬픔을 풀다 – 78

제4부 사이는 공간, 사이라는 공감
미스김라일락 – 83
소문 – 84
펄럭이며 떨어지는 귀 – 86
모든 낯이 물었다 – 88
아무도 이름 부르지 않았다 – 90
나의 식물도감 – 92
버리고 있다 – 94
협주곡, 겨울 – 96
섬과 섬 사이 – 98
내향적인 방 – 100

일요일엔 말이죠 – 102
당나귀와 왜우산풀과 수탉 – 104
경주 – 106
흰색 교향곡 2번 – 108

제5부 교환 불가능한 추억의 형태
몇 개의 표정 – 113
아발레 – 114
실낙원 – 116
떠다니는 국경 – 118
이미 – 120

해설
박대현 이미지의 내파와 공백의 정동 – 122

제1부 모든 서사의 바깥

익스트림 익스프레스

나는 거울 뒤의 겨울
급브레이크 뒤의 찢어진 침묵

나는 읽을수록 무거워지는 책, 찢어 버린 차례
나는 다만 목이 함몰된 기린이자 물에 비친 그림자

무대 위 독백이 꺼내 놓은 데칼코마니
그러나 나는 토제 방울에 그려진 춤추는 여자
수목한계선이자 스피노사우루스의 생몰 연대기
그러므로 돌아오지 않을 부메랑

나는 다만 불시착한 우주인이 받아 든 구름 백반 정식

견디느니, 공기 없는 3분 물 없는 3일
나는 다만 끝을 모르는 심장의 돌림노래 속 무모한 빨강
빗방울이 떨어져 새긴 물무늬
호수 위 머뭇거린 눈발

마침내 달을 훔친 이야기의 첫 주어이자 모든 서사의 바깥
나는, 다만

숲에 달이 켜지고 나는 조금씩 젖고

1.

칠흑이다. 나귀처럼 귀가 뾰족한 숲, 어둠뿐인 미지, 버섯 바위에 걸터앉아 숲의 냄새를 맡는다. 집을 만들기로 한다. 숲의 껍데기 무늬들을 가져와 만든 집. 한 달에 한 번 탈피하는 달의 껍질을 모아 외벽을 만들고, 사과나무 껍질로 지붕을 잇고, 밤송이로 창틀을, 사슴뿔로 빗장을 만든다. 물고기 비늘처럼 생긴 외벽 주름에서 뿜어 나오는 빛, 기대어 자던 달개비와 작은 짐승들은 잠에서 깨다 자다 깨다 하염없는
밤,
　　　　먼 파도 소리.

2.

밤은 머리맡을 하늘로 향한다. 비가 내려도 바람이 불면 지붕에서 사과 냄새가 난다. 보름달이 뜬다. 집은 조금 부풀어 오르고 달빛을 물고 빛난다. 숲엔 두 개의 달이 뜰 때도 있다. 달 사이로 달맞이꽃이 부푼다. 더 밝아진 집은 상수리나무보다 높이 떠오른다. 바람에 낮게 쓸려 가던 소쩍새가 높이 날아오르고, 이 일은 빗속의 반딧불이 꽁무니를 통해

퍼져 나간다.
      여전히 먼 파도 소리……,
            여기에 있어야 한다.

3.

다시 나는 무엇이 되었나. 한결같은 저 달과 달빛만이 드러낼 수 있는 모든 차가움을 눈에 담은 채. 알 수 없는 이미지들이 잎맥처럼 숲 가득 펼쳐진다. 귀를 만지던 손가락이 당신의 것이었음을 떠올린다. 내게서 조금씩 벗겨지는 허물. 이제, 나는 무엇이 되었나.

4.

숲이 먼저 읽은 밤하늘, 방목된 바람의 발소리, 도착하지 않는 한낮의 눈부신 눈동자들, 우글거리는 나와 당신의 적요, 기다리는 동안, 가장 오래된 명당이고 분명한 영토,
      달이 눕는다,
            굴러간다.

안개와 너와 너의 안개

一

　너는, 그리고 온다 긴 복도처럼, 오로지 비처럼, 기척도 없이 간결하게 스민다 눈 귀를 지운 타인의 얼굴로 어둠을 뚫고 연줄처럼 저기에서 여기로 널브러진다 물보라의 감정처럼 떠올라 번진다 되지 못한 울음이 되지 못한 눈물이 결국 네가 된다 나는 없고 너만 있는 하루, 너는 아름답고 너는 소설 속 기차처럼 8시에도 있고 다시는 돌아오지 않으려고 퍼붓는 소낙비에도 있다 너의 관점에서 시작되는 나는 기약이 없다 살아서 살아지는 사라지는 삶이어서 살아 돌아오지 못할 미로인 네가 좋다 그냥 좋았다 풍요로운 죄목이다 우거진 너는, 너를 깨달았을 때 비로소 네 속으로 들어가서 꿈꾼다 켜켜이 잠겨서 아주 사라질 것처럼 깊이

　하나뿐인 신발의 너덜대는 밑창을 고쳐 붙이고, 그치지 않는 눈보라를 본다 첩첩 수심, 잘 견디라고 너는 말한다 너를 키우는 조금의 우울은 안전해서 최선을 다해 숨 쉬고, 사무침이 언제나 문제였다고 내 속을 뒤집고, 불온한 꿈에서 깰까 내가 네 꿈 뒤로 돌아들어 오래 본다 언제부턴가 몸에 개울이 흐르는 느낌, 생의 끝까지 흘러 바다가 될 거라고, 버드나무를 일으키던 우물의 적당한 차가움, 그 모든 것을 감추며 눈이

二

나쁘지 않다 0시 16분, 너는 그렁그렁한 눈, 들여다보면 어디서든 온다

꽃 아닌 게 없다고 들었다

※ 위 험
고드름 낙화 주의
— 관리실 —

사나흘 혹한이 다녀갔다
살얼음이 녹아 운동화가 젖는다

두어 걸음 멀어져서 보는
모든 안내문은 객관적이다라는 명제 때문에라도
고드름은 꽃이 분명하다

떨어지는 꽃잎에 맞아 죽을 수만 있다면
가지 끝에 꽃을 올린 나무는 어쩌면 봄의 지렛대일 테고

그렇다면 세 마디 손가락질에 찔려
저쪽으로 떠난 이들이
꽃이 아니었을 리도 없겠지

추위 속 동상을 입은 맹렬한 꽃의 화염이
누구 마음을 훔쳐 가두고 사과를 먹여 키우던 짝사랑이라

해도

그렇다면 우린 한참을 고드름 아래 서 있었던 것이네
끝내 알 수 없던 그 사람의 발길이
내 안을 오래 서성여 이토록 움푹하구나

그러니까, 꽃은 그토록 투명한 얼음의 뼈

자라다 자라다 그곳이 허공임을 깨닫고
끝내는 산산이 흩날리는 눈발이 뒤덮는

안내문 앞을 지난다
햇살에 저며 드는 꽃의 눈물을 듣는다

주크박스

#1
　참새 떼가 후두둑, 오후가 날아간다 나는 플라타너스 그림자를 쥐고 도둑맞은 책을 찾는다 상자에서 여전히 눈을 떼지 않은 채, 점점 확장되는 운동장을 빠르게 분류한다 스크루지 영감처럼 열쇠를 움켜쥔 상자 열리지 않고

#2
　죽은 여름을 숨겨 둔 정원에 파랗게 갔다 소리를 죽이고 끝까지 본 영화의 마지막 장면이 상자에서 온전하기를 바랐다 발가락과 발톱은 같은 발에 딸려 있다 나의 시는 네가 없는, 나만 살아 날뛰는 일인칭이다 산산조각 난 고백들이 상자를 적시고 흘러나왔다

#3
　뾰족한 내가 숲길을 걷는다 상자를 만지던 감색 종이풍선에 마법처럼 입김을 불어 넣는다 터져 비늘이 벗겨진 무지개 물고기가 쏟아진다 발아래 떨어진 무지개 비늘은 닫힌 어둠처럼 침울하다

　#4

그대로다 네모진 상자의 마트료시카, 다층적이다 매번 나의 번호가 달라진다

#5
겨울 바다가 보이는 곳에 묵기로 했다 물고기 비늘을 흘깃거리며, 베일을 쓴 집주인은 위조지폐는 받지 않을 거라고 했다 폭설로 쏟아지는 너를 본다 들고 있던 상자를 내려놓고 쌓인 눈이 280g이 될 때를 기다리며 나를 깎고 깎는다 심장만 남게 될 때까지

#6
몸에서
불필요한 구름과 물고기들과 일인칭 문장들이 빠져나간 후의 내가
박자를 타기 시작한다

폭설

一 문이 열리고
　 닭이 크게 울었다
　 닭과 문의 숫자가 일치하지 않는다

　 모래시계가 뒤집혔다 징조라고 잠깐 생각했다
　 산산이 흰 돌을 솜 타는 기계에 넣은 하늘이
　 쉬지 않고 내린다

　 적막한 도로의 나무와 울타리
　 그 아래 자갈들은 조금씩 눈에 편입될 것이다

　 아무도 찾지 않는 그네를 두고 간 사람은
　 어디로 갔을까 남겨진 선물처럼
　 보이는 것들이 흔들리다가 희미해지다가
　 나타나기를 반복한다

　 벽지를 타고 올라가는 흰 곰팡이 천장을 덮고
　 식탁 아래 슬리퍼가 삼켜 버린 발목

二 뭔가 숨긴 듯 딴 델 보는 창문을 열면

예기치 않은 표정의 공포가 쏟아질지도

가까이 가 보면 다 똑같은
사람들에 대해 이제는 솔직해져야 하는데

흐린 눈 속에
집에 가야 할 시간인데

문과 문 사이, 지겹도록 사람 생각이 쌓인다

오류투성이의, 폭설 위를 걸으면 두 줄의 발자국만 남는

갓 태어난 아이처럼
다 젖어 버렸다

문이라
마음은 문고리도 없는데
닫아도 닫히지 않고
열어도 열린 줄을 모른다

폴라로이드 카메라

一 다 끝나 가
가만히 좀 있어 봐

신호등이 바뀔 때처럼
내가 바뀌는 사진 속

흰 리넨 커튼에 묻은 얼룩을 닦는 것인데
지워진 당신들, 매일같이

우린 어떻게 서로를 견뎠니?

시상식장의 섹시한 양산의 포즈
아스팔트에 지글거리는 한여름의 야외 모터쇼에서

관계에도 내성이 생기나 봐
표백제 같은 햇볕에 울음이 씻길까 봐
걱정을 남겨 놓을게

등장인물들이 희미해진 슬픔은
불면에도 방향이 있어 자꾸 돌아눕는데

찰각찰각 닫혔다 열리는
흑과 백

그 사이는 물속 같아서
눈 질끈 감고 물뱀처럼 맴돌다가

누구를 휘감으려는 걸까

해피 버스데이! 암막이
생일 케이크 같은
나를 덮친다

우리는 속도가, 성별이 다른

컷들

안개

우연은 흘러간 곳에 따라 결과가 달라지는 병
낙엽은 푹 젖고 의도는 잘 드러나지 않고
끝이 어딘지 몰랐다 나의 우연인 당신

머리카락 한 올까지 이해할 수 없던 것들과
그날로부터 시작한 수소문들이 알약처럼 쌓였다

극단적인 밤이 바닥을 핥으면
우— 안개가 일어 채우던 곳
창밖으로 긴 혀를 늘어뜨린 전등 빛

우리는 조금씩 스미어 감쪽같았고
서로를 알 수 없었으니 그것이 죄

눈을 감고 목덜미를 더듬으면
맹렬한 감옥

속을

타래처럼 엉켜서 서로의 미궁으로 남는 위무

차갑게 얼음이 깨지는 속도가

자욱한 곳

밀물 들 듯 울어도 되나
없는 힘을 다해 부르짖는 너의 목소리와 함께

네게로 어두워지기 직전의
한 호흡 서늘함

나의 수중 세계

―
네겐 불이 너무 많아, 맞은편이 말했다
(당신에겐 방울뿐이고) 나는 속엣말을 삼킨다

그렇단 말이지?
물가로만 다닌다 아, 네
집에 물고기를 들이고 뻐끔뻐끔 말한다
대화의 배경으로 물러나 등 뒤로 번지는 잔물결이 된다

호스를 자르면, 오늘의 분위기를 바꿀 수 있습니다

자른 단면으로 물이 쏟아진다, 만어산 아래
질척거리는 나의 수중 세계

슬리퍼를 끌고 젖은 밖에 나를 방치한다
잉크 마른 만년필에서 뚝, 뚝, 글씨들이 일기로 번지고

꺾어 온 망초 다발이 바닥으로 녹아내리는 동안
물고기 토기를 부장품으로 묻는 꿈을 꾼다
치마폭에 만어산이 들었다 치어들이 가득 굼실거린다

―

일기장을 펼치면
문장에 물고기 비늘 반짝이고 구름 냄새가 난다

속마음을 엎는 일
구름을 자디잔 빗방울로 씻어 내는 일
내 생애의 강변에 나가
얼굴에서 흘러내리는 그끄제를 들키는 일

오늘의 운세: 오리를 품은 둥글고 무한한 물무늬의 감옥에 갇힌 격
물풀처럼, 큰 산을 거느린 강처럼 넓을 것

연일 폭염이다, 부레 압을 낮추고
내 안으로 잠수할 수도 있는 나날들

물이 너무 많다고? 그쪽은 여전히 방울뿐이면서

우리가 같은 문을 지났을까

一

외투를 벗고 구부정히 선 나무 위
몇 잎 바람을 통과하는 새들을 지나면
계단 아래 대문 없는 집이 있습니다

펄럭이는 깃발의 卍은 어디로 가는 수레바퀴인지

물에 비친 우리의 미래를 짐작한 적이 있습니다
새가 물어다 주는 점괘, 일렁이던 사람
가지에 속한 새의 지저귐은
내 삶이 구획한 마당이 아닐 수도 있겠지요

얼비친 너를 열면 문 뒤 물끄러미 내가 있고
집 드는 길 끝 먼 데를 바라봅니다

멀리 보려는 자세는 희망적인 말투인가요
우리는 몇 번이나 구부린 무릎을 맞대어 보았을까요

그을음 자국으로 남은 액자가 걸렸던 자리

二

불꽃도 없이

타오를 게 참 많았던 우리였네요
유리잔에 입술이 빠뜨린 이름을 불러 봅니다
건너편 표정을 왜곡하므로
둥근 유리잔 너머의 대화를 건너뛰기로 합니다

복기해 봅니다
두 장의 티켓이 한 사람 앞에 남았습니다
창밖, 포인세티아의 붉은 토로를
점괘로 가득 찬 노을이 받아 듭니다

안녕,
기차에서었어요, 불분명한 선후를 짚다가, 간판도 없는
집에 다다랐죠
길흉은 한 쌍, 종이에 쓰인 우리의 미래형

빈 잔 하나 사원으로 남았습니다
노을 끝에 딸린 오랜 밤의 이야깁니다

역광이 바랠 때

一   달리던 날들은 비포장도로였다. 비를 뚫고.

   물고기가 바위 되고 바위가 산이 된 만어산만이 우리를 받아 주었다. 물고기가 되었을까, 바위산으로 무거워졌을까. 반짝이는 모두는 향기가 없다는 걸 알아 버린, 악몽을 놀이 삼아 꾸던 스물.

   사진 속, 역광으로 네가 울고 있었다. 한쪽으로 기운 어깨가 세상 변방 같았다. 멀쩡한 날씨엔 일기를 쓰지 못했고, 이따금 운신할 수 없는 방향으로 나무들이 자랐다. 필터를 갈아 끼우면 나도 달라지던 여름 끝자락엔 네가 찍혀 있었다. 등 뒤로 태양이 꺼져 가고 있었다.

   상제나비 앉았다 간 나무 아래 꽃들은 자주 태엽이 풀렸다. 나무의 낯을 흘깃대며 여우비가 내렸다.

   울려는 얼굴을 찍은 사진이 우는 것을 보지 못했다. 쏟아진 꽃병, 쓰러져 흠뻑 우는 꽃들만이 스물처럼 있었다.

二   막차 표, 어김없는 자정, 쓸려 가는 나날들.

어디쯤이니? 묻는 질문을 공중전화가 동전처럼 놓친다.

마주한 의자가 비어 있다

一 원합니다
　　빈방과 두 사람이 함께 기록된 그늘을

　　손 뻗으면 사라지므로 간절히

　　창살 사이로 드는 햇살에 앉아
　　턱 괴고
　　손가락 틈으로 빠져나가는 관계에 골몰합니다

　　나는 당신의 울타리가 필요합니다
　　손때 묻어 반질해지기를 애착하죠

　　바깥에서 맨발로
　　우리와는 무관한 모란이 절찬리 상영 중입니다
　　기분을 핑계 삼아도 눈부셨던 화양연화의 한때처럼

　　친밀한 팔뚝, 울퉁불퉁한 체온과 오래 함께했습니다
　　뉴스에 기운 당신의 귀를 드라마로 당겨 놓곤 했죠

二 언제부터 우린

생각이 멈춘 모래시계를 뒤집는 손을 모른 척하게 되었나요

당신 수중에 맨 처음 남겨진 나의 꽃잎은 열매를 맺었을까요

꽃의 공백으로 내리는 눈과
눈이 녹은 자리에 들어앉는 꽃을 이해할 날이 올까요

우리가 건넌 것은 어느 계절입니까 불꽃놀이가 더 필요한가요

뒤늦게 큰 구멍으로 남는 꽃자리처럼
해 질 녘을 가리키는 시침이 여전히 우리의 황혼이라면요?

당신 없는 저녁의 초록을 정의합니다
뿌리에서 시작되어 아직 진행 중인 결말, 남겨진 숙의

손 거두면 사라질 빈방을 원합니다

제2부 덩굴장미 옆의 시간은 빨리 흘러가고

칸칸이 슬픈

 걸었다. 사람이 나간 혼처럼, 머리통만 한 슬픔이 양동이처럼 엎질러질 것 같아 두 손을 내밀 뻔했다. 사람들은 대체로 무겁고 그 무거움이 궁금해질 때 슬프다. 물기가 만져진다.

 먹구름이 몰려온다. 줏대 없이 몰려다니는, 흔하게 내리는 비의 슬픔, 우산이 없는 나는 쓸 수 있는 슬픔이 많다. 빗속으로 혼자 뛰어들면 구분되지 않을 게 분명해서.

 모르는 이에게 편지를 쓰는 게 슬프다. 좋은 소식을 나누지 못하고 몰래 삼켜서 슬프다. 꽃무늬 편지지처럼 쓸데없이 선하기만 한 관계가 슬프다. 가깝지도 멀지도 않아 사랑도 이별도 불가능한 사람이 슬프다.

 무심한 기차는 칸칸이 슬픔이다. 침묵은 길고 칙칙대고 순식간에 지나쳐 버린 얼굴이 폭폭해서 슬프다. 남겨진 가방이 슬프고, 나를 가방처럼 두고 내린 당신이 슬프다.

서쪽 물가 흰 모래밭입니다

걸어가며 보았다 피어나는 모래 꽃

물 사막 너머에서 밀려드는 파도
죽었다 살아나는 울음

먼 해안

바닷가 돌집 아래
슬픔
끔찍하게 쓸쓸했으나 오랫동안 지켜보았고
울지 않았다

바위는 멀리 바다를 보고 있었다
그 옆자리에 쪼그리고
노래를 불렀다

귀 없이 멀리 가는 새야,
끝이 없다 돌아보지 말아라

베개처럼 점점 멀어졌다

모든 것이 잠인 듯 평평해졌다

모래밭에 모래 꽃
끝없이 펼쳐졌다 모래밭

물고기자리 여자

一
설핏한 저녁
잠옷의 덩굴무늬가 뻗어 가는 꿈을 꾸었다
물속 깊이 넣은 손을 놓쳐 버린 것이
일렁이는 너였는지

젖은 나였는지
우표를 붙이다 물을 엎질렀고, 접힌 이야기가 젖은 채 붙어 버렸다
방문을 열면 사라지는 지느러미

탁자에 앉아 소금 없이 달걀을 먹고
노른자 가루를 어항에 뿌린다
내 슬픔은 몇 마리인지

남은 슬픔은 유효한지 어항 수초 사이로 몸을 숨기고

변한 건 너야, 예전엔 초승달도 두려워했잖아

파도가 전부인 우표에 빠진 생각이 지느러미를 만들고
二
가까스로 헤엄치는 법을 알았다는 듯

죽은 물고기가 이야기를 빠져나온다

어디든 가야 한다는 생각이 기포처럼 떠올랐다

기린을 기다리는 해변

의자는 조금 기울어져 있다
저것은 기린이 아니다

한쪽으로 구부러진
흰 소라 껍데기가 빛난다
귀를 기울이는 모든 것을 기린이라 부를 수 있다면

수평선이 상하로 펄럭인다

모든 것이자 기린은 아무것도 아닌 것

해변에서 해변까지
뛰어간 몇 개의 발자국

기린이라는 형식은
목을 늘어뜨리고 몸을 최대한 낮추며 바깥이 된다

어두워진다
기린이 도착하지 않은 곳의 이름은 밤이다
지치지도 않는 파도

한번 가서
다시 오지 않는
모래 글자 위에 찍힌 발자국

기린국으로 가는 지도가 된다 모래바람이 불어 반쯤 지워진
세계

의자는 더 기울어져 있다
이것은 기린이었던 적이 없다

유일한 숲

一 　푸른 돌짐승의 배경이 되어 주는 안개와
　가끔 눈동자가 젖어 드는

　나의 숲으로
　당신을 청한다

　숲이 낮을 기울여 다 따르고
　밤하늘을 찢어 주정처럼 별을 박아 놓곤 할 때
　달은 포자를 내쏘는 버섯처럼 수면을 건너간다

　숲은 결코 서두르지 않는 형식이지
　먼지벌레의 그 무엇으로도
　다 이해할 수 없는 결정들이지

　덩굴장미 옆의 시간은 빨리 흘러가고
　우리의 기억이 늘 열여섯인 것과 같지

　밤을 횡단하는 노래로
　바람으로
二 　시간으로

숲이 일어나 당신의 몸이 된다는 것

숲 밖 멀리
버스가 오고 정거장엔
휘파람

지금부터야,
깊고 푸른 오늘은

안녕이 여름처럼 차가워?

一
어서 와
출렁, 물처럼

시작해 볼까 높게 나는 새가
부리로 찢어 놓은 구름의 귀퉁이로
쏴아아 쏟아지는 허공

나는 여름에게 갈 수 없을지도 몰라
안녕은 처음이자 끝
물처럼 차갑고 무겁고 휘감길 텐데

추억을 들킨 빗물은 쉬지 않고
얼굴을 타고 흐르고

24시 우체국이 등대라고 믿던 목 짧은 새에 관한 이야기라 해도

살아남은 해변은 축제가 아니고
쓸려 간 여름은 돌아오지 않고
二
안녕은 언제나 그 자리 무성하지만

허공의 모든 빛을 섞으면 낮이 사라진다

눈사람

一　　언제까지나 서 있는

　　　나는 눈사람이라 불리는 사람

　　　어스름과 함께 노을이 연착하는 저녁
　　　밤보다 달빛보다
　　　찢어진 불빛보다 더 아픈 살점

　　　모자와 목도리가 표정을 대신할 때
　　　발을 놓친 길

　　　배낭에 담을 수 있는 밤이 필요해

　　　열면 입만 까맣게 벌리는
　　　큰소리 한번 없이 단숨에 사라질 수도 있는

　　　이를 다 드러낸 달
　　　곁에 있는 아름다운 사람

二　　달밤인데 소리 없이 눈이 내리는 숲

발목을 휘감는 바람
발목에 매달리는 목소리

우린 멀어지기 위해 브레이크를 떼 버렸는데
젖은 목도리가 흘러내려 아침을 부른다면

나는 맨발, 떠나는 사람

셀프텔러

―
다시, 꽃샘추위다.

무료함을 깔고 있는 방바닥을 손으로 쓸어 보지만 오후는 뒤집어지지 않는다. 손바닥의 방식으로 얼마나 견딜 수 있을까. 먹다 만 생수병과 따지 않은 생수병 사이에 에프킬라는 일 년째 그 자리. 지겨워. 물린 자리를 긁다가 피를 볼 것이다.

꽃샘추위예요.

며칠이 지난 귤을 까먹다 시들한 나 같아서 단면으로 잘라 채반에 펼쳐 놔요. 동작 그만. 나도 햇살 쬐며 해바라기 시늉해요. 쉽게 까먹은 얼굴들. 두려워. 어떻게 내가 누구인지 모르죠. 말라 버린 알맹이는 멈춤인가요, 진행인가요. 어떤 의문은 처음부터 적당하지 않아요.

안부 묻는 사람을 선택한다. 당신의 입장을 선호한다. 희망을 배웅한 것은 잘한 일, 물 말아 놓은 식은 밥. 내 이야기가 진담이 될까 봐. 나를 꿀꺽 삼킨다.

―

*셀프텔러(self-teller): 내 안에서 나에게 말하는 존재.

얼굴의 훗날

그냥 갈 수 없어
무작정 내민,

가장 시시한 얼굴을 얻을 것만 같았지요

당신은 금이 너무 많아, 원래 있던 길 말고 네 절벽을 찾아봐

날카롭게 쏟아지는 햇살
곱씹을수록 파래집니다

물집 잡힌 생각이 부풀어
잠으로 진물이 스며듭니다

행렬처럼 뻗어 나가는 금에서
염소와 양을 구분하는 것은 쉽지 않습니다
손바닥에 그려진 얼굴을 찾다가
깬 선잠

몰약 같은 나흘 남짓의 얼굴
발등에 지루하고 끔찍하게 피는 분홍 꽃잎

움켜쥘수록 내게서 달아나는 게 많아집니다

달력 밖을 걷는데 토요일이 다 지나고
스토리는 입맛에 맞지 않습니다

풍경이 바람에 흔들리지만
탕진한 얼굴로 가장 먼저 울먹일 사람에게
지금은 몰입입니다

훗날은 물결무늬로 가득합니다
꺼내 올 미래의 얼굴이죠

오시리아로 불리는 밤

一　호수에 파묻힌 달이 다시 떠오른 건
　　돌아갈 곳이 거기밖에 없다고 생각할 때였다
　　놓친 사과가 길을 건넌다

　　지나가는 트럭과
　　으깨진 사과, 사이
　　밭은기침이 터져 나왔다

　　속을 다 보여 주는 습관적인
　　흰 말투 속의 검은 씨앗들

　　나무처럼 깍지를 끼면 깔깔한 마음이 만져졌다

　　압정으로 박아 놓은 혼잣말,
　　너였을까 나였을까
　　밤안개가 뒤척이면 가라앉는 쪽이

　　사과나무 위의 밤에 들어 몰래 훔쳐 먹은 달은 달았다

一　사라지지 않을 빛처럼

굵은 가지 부러지는 소리

별이 보이지 않으므로
시인은 거짓말을 펼치는 사람이라 생각했다
어쩌면 기억을 더듬고 있을 라디오를 껐다

비의 고군분투는 여름을 *끄*기 위함이었을까
삭아 버린 폐가처럼
오래전 공기가 갇힌 방과 커다란 창문은 뼈대만 남기고
해안 쪽으로 흘러가 버렸다
물고기도 아닌 주제에

풀을 먹인 여름은 흐물흐물해졌고
매 순간 깊어 가는

오늘 밤만 빳빳하게 있었다

나귀
―빈집

죽어 줄까 말까

한 발 스치는 인연
피할까 말까

가을이 하늘과 찬란하게 동행하는
사람들
땅속으로 난 길을 찾듯 발이 느려진다

죽어 줄까 지루한 습관도
와서, 오래도록 지나쳐 간다

걷는 것을 그만둘 수 없는 나는
바닥에 박힌 돌이 지켜보고 있을 때

빈집은
은행나무 가지마다 단단한 눈물을 매달아 놓았다

눈물이 흔들리다 떨어진다
여름밤의 그림자처럼

일생을 수렴하는 한 폭의 방정식처럼

먼지가 날린다
너는 여전히 가고 싶은 곳이 있구나
바람이 분다
먼지는 복종하지 않는 우주

내용 없는 물방울

사람과 사람
사이
희망을 짐 진 나귀처럼, 나는
아무도 준비하지 않는 미래

천천히 빈집 앞을 흘러넘친다

밤하늘의 트럼펫

一　　밤하늘은 당신의 취향입니까

　　서로 다른 생각으로 서 있는 골목 가로등
　　나의 어두운 속눈썹을 스친 그림자는 당신입니까
　　골목 끝의 어둠이 정말로 당신의 표정입니까

　　길이 남긴 미련은 목적지를 찾지 못했기 때문
　　한쪽만 푸른 길은 위험할 수 있습니다

　　대나무 숲에 살다가 잘려 나간
　　바람이 끼어 우는 소리
　　울음 쪽으로 헤엄치는 물고기처럼 비늘이 많은 별

　　보푸라기 핀 소매 끝에 쓰인 글귀
　　누구도 울지 말아요
　　어떤 미련도 마지막 말줄임표 속에 가두지 말아요

　　지난 일은
　　당신이 기울어진 쪽으로 생겨난 절취선

一

그 밤의 티끌입니까

쇄골을 문지르면
밤이 먼지처럼 멍울지고는 했습니다

당신에게 등을 덧대면
하룻밤이 침대에 생겨나곤 했습니다

피아노가 그려진 창문

一
　창문이 무슨 말을 해도 좋았다

　눈썹을 찡그리지 않은 채 우리는 나무들 아래 바람이 남긴 말을 전하고 싶었다

　썰어 놓은 생강 같은 달이 달맞이꽃을 되돌려주는 동안
　저녁은 평화로웠고 우리는 보이지 않는 미래에 대해선 말하지 않았다

　어제와 같은 오늘이어서 소모되는 나무의 이파리 끝이
　아깝지 않았다 언젠가 빠진 적 있는, 까맣게 변했던 손톱을 만졌다

　낄낄거리는 아침엔 다짐이 필요했고
　눈물 훔치는 저녁엔 따스한 국물이 생각났다

　마리오네트 매듭을 끊어 내었다, 만지작거리던 밤이
　더욱 서글펐다
　사소해진 것들과 함께
二　익숙해진 그냥 여기라서 오월이 갔다

깨어나지 못할 잠처럼
아무렇지 않게 나를 부르는

낮달과 참외자리

늘 같은 자리에 파란 트럭이, 늙은 참외를 가득 쌓아 놓은 노란 조끼가 있다. 바구니 속 참외 옆구리처럼 조용히 멀리서 다가오는 나를 본 그의 과도가 참외 껍질을 벗기기 시작한다. 내 눈빛이 함께 벗겨진다. 엉겁결에 받은 참외 속으로 지난날이 스며들고,

참외를 들고 걷다 쓱— 달의 모서리에 그어 본다. 금 간 껍질 사이 단물이 흐르고 하얀 속살 젊은 날의 내가 그 시절의 사내를 한입 베어 문다. 물컹한 후회가 나를 씹는다. 참외를 살살 닦는다. 노랗게 빛나는 참외를 들어 낮달 옆에 박는다. 낮달 옆자리, 참외자리다.

제3부 구름, 혹은 형태가 문드러진 단팥빵 하나

허그와 러그 이야기

크레파스가 몽땅한 저녁을 색칠한다
붉은색을 칠해도 금세 검어진다

집으로 가는 아이처럼 총총 초침이 거실을 가로지르고

며칠째
서랍 위에서 부쩍 주름이 는 토마토가 엄마를 흉내 낸다
단맛엔 쓴맛도 들어 있다던데,
거짓말 같은 이야기엔
번데기처럼 주름이 가득할 것이다

동생과 내가 입던 옷들로
엄마가 러그를 짠다, 울긋불긋한
매듭들, 엄마는 어디까지일까 레고를 쌓듯
놀이의 규칙은 엄마를 무너뜨려 슬프게 하지 않는 것

골목과 떼쓰는 동생과 귀를 열어 놓은 채 장롱에 숨은 시간을
엄마가 짠다 엉덩이 뒤로 밀어낸다

생명선이 어디까지 뻗은 거야, 걷기 힘들게
러그엔 동생과 나의 얼룩
찡그린 엄마의 이마도 섞여 든다

나무를 휘감는 덩굴처럼 러그를 향해 휘는
엄마, 어둠이 졸아붙는 손바닥에 그믐이 든다

무엇이 덩굴인지도 모르는 내가
내 키만 한 그림자를 짚어 가며
하루를 색칠한다 긴 머리를 묶은 여자가 베란다로 숨어들어
울음과 숨바꼭질 중이다

꼭꼭 숨어라, 머리카락 보일라

그러나 불을 끄면 러그는 양탄자가 되고
수만 겹 별빛을 토닥이는 엄마 손길이 꿈으로 바뀐다

아침이 실눈을 뜨는 러그 위
처음인 것처럼 기지개, 모두와 허그

크레파스는 오늘 엄마의 창문을 그릴 것이다

아직 그 봄을 보내지 못했네

―
　소풍 나온 돌나물 가족이 모여 자라는
　세상으로 돌아와 환한 벚나무 아래
　해맑은 당신이 눈물겨웠다.
　아이가 되어 나를 보챘다.

　복도 끝 화분이 마지막 이파리를 놓칠 때쯤 그의 윗니도 전부 빠져 버렸다. 탐스러운 구름 맛을 상상하며 잇몸으로 단팥빵을 녹여 먹었다. 그가 창 너머 희미한 노인에게 손짓했을까.

　새파란 풀잎이 물에 떠서, 203호의 봄이 흐드러졌다. 별이 뜨면 서로 웃고 별이 지면 서로 울던…… 흥얼거리던 그의 노래, 창에 바짝 붙으면 안 됩니다. 매몰찬 목소리가 열 살 무렵 소년을 매트리스에 묶어 버렸다. 매트리스를 끌며 복도를 서성이는 사람을 본 이들이 많아지자 성큼 장마가 왔다.

　사나흘 빗소리
　마른 손등으로 퍼붓는 퍼런 바늘 자국들
　천둥소리와 사이렌이 심장을 가로질렀다.

―

아버지 나야, 딸 알아보겠어요?
흙탕물이 눈두덩을 넘쳐 도랑마다 가득하던 날이었다.

담쟁이가 손을 흔드는
요양병원 담장 아래, 2층 창문엔
어제의 구름이 떠 있고 구부정한 그림자

손이 묶인 당신을 찾아왔던 봄 꽃철을 놓아 보낸다.
이제 창문 밖 어떤 기척에도 날씨가 흐려
드르륵— 뻗어 가는 마음을 닫고는 한다.

남겨진
폴더폰 앨범 속 흔들리는 천장과 흐릿한 그의 잇몸이 붉다.
그 너머 창문에 흐릿하게 잡힌
구름, 혹은 형태가 뭉그러진 단팥빵 하나

*'새파란 풀잎이 물에 떠서' 등: 「봄날은 간다」.

글루미 선데이

一   당신은 울 수 없군요
   내게 말하는 당신

   가스레인지를 끄고
   웅크린 화분에 꽃대를 세웁니다 라디오를 키웁니다

   처음으로 흰 안테나가 피었습니다
   물을 주며 주렁주렁 매달릴 아픔을 가만히 떠올립니다

   얼마나 많은 저녁을 소비한 걸까요
   우리의 채널은 식탁을 놓을 수 없습니다

   솜사탕처럼 희고도 완벽한 불투명
   우울은 끈적거립니다 본능처럼 금세 눅눅해지고
   조금씩 볼륨을 키우다 끔찍한 박쥐가 됩니다

   침대 밑에 숨긴 부리 짧은 노랑 새와 흘린 튀밥
   추억이 고이는 머그잔처럼 신발들
   남겨진 베개엔 얼마나 많은 새들이 잠들기 위해 방문합니까
二 공중으로 날린 새가

젖지 않는 구름과 바람을 찾아 날아갑니다

같은 방향으로 오랫동안 날아

냉장고에서 꺼낸 손거울의 성에를 닦아 냅니다
창문이 더 멀게 보입니다

거울에 비친
느리고 깊은
일요일은 푸른색으로 여한이 없습니다

깡

찌그러진 깡통 속에 미련 따윈 없어
껍질이 나뒹구는 바닥이 더욱 발작적이지

움켜쥔 손아귀가 저릴 뿐
너의 안쪽은 몰라도 상관없지

배짱은 배꼽에서 나온다는데
배꼽에 힘을 주고
딸려 나오는 똥고집을 따라가는 것

두루마리를 통째 태워 버린 어느 날을 설명할 필요는 없습니다

위험을 갖고 놀다
죽여주는 것이 취미
친밀하게, 단 한 방에

귀가 얇은 것들이 날뛰는 나를 봐
연중무휴 재미가 사라진 지 오래

우후죽순 눅눅한 내가 태어나고 있지

깡그리 잊고 다시 시작하는 것이 규칙이라면 좋겠어

거기까지 네 생각이라고
한 발짝도 움직이지 않는 나는
지독히도 나를 부정하는 방식

정선우

삐딱하게 츄파춥스를 물고
거울을 열고 조심스레 진입해요
귀를 만지며 나직이 이름을 부릅니다

거울을 뒤집어도 울 거 같지 않아요
믿음은 언젠간 깨지고요
당신이 있다는 확증은 편향적
습관적으로 수막을 이루며 흘러내리죠

얼음으로 짓는 표정, 뾰족한 고드름의 미소
거울의 친척들입니다

얼굴을 파묻으면 공간이 펼쳐져요
낡은 의자가 보입니다 버리지 못한
장독처럼 둥글게 내가 앉았네요

이해해요 이번 생이 처음이니까, 피부가 빛나는 목이 긴 여인은 믿을 게 못 돼요

제비가 남긴 빈집처럼 가려움만 남기죠

사람들이 붐비는 종로1가 33번지
젊은 여자가 길을 잃습니다
상황은 두껍고 손가락은 가냘프기만 합니다

바람을 붙잡으려던 나의 양팔은
아직 거기를 살아 점점 굳어 갑니다

착한 비가 내려 기분을 망쳤어요
웃다가 원고처럼 구겨져 다시 웃는
거울 밖이 파지보다, 폐기될 이야기보다 안전할까요

너는 함께할 수 없는 곳입니다

해가 뜨고 꽃이 지고
―이상 시인에게

一 하루는 상실입니다
　하루는 격정입니다

　막다른 골목의 당신처럼
　무서운 나와 무서워하는 내가 보입니다

　당신이 안쪽 방에서 쓰던 돋보기로
　내 마음의 방에 불을 붙이는 꿈을 꿉니다

　내 속엔 너무 많은 당신이 있고
　겨드랑이가 가려운
　당신은 이카로스

　꽃나무를 해부하면 박제가 된
　슬픔이 보일까요?

　찢어진 거울에도 나비가 있습니다
　나비가 앉은 자리
　갱지의 의도를 품고 있는

一

암시입니다
묵시입니다

막연하고 아득한 어둠 속 나비
금기와 배반이 묻어 있는 날개의 테두리

비가 내리고
빗물에 그려지는 불연속적인

비극은 비유될 수 없고
교훈일 수 없고 끝나지 않는 서사입니다

모자를 쓰고 지루하고 쓸쓸한 샤워를 합니다

슬픔을 풀다

—

*

그때 벤치에 앉은 하염없음을 보았다 입을 꾹 다문 옆얼굴, 검정 신발, 노란 손수건을 말아 쥔 당신의

완벽한 쓸쓸
나 없음으로 완성되는

*

실뭉치에서 풀려나온 끝이 슬픔의 오라기 같아서, 그 자리 회화나무 아래, 섬섬옥수 떨어져 서로를 쓰다듬는 꽃들의 흰 무덤을 본다

새가 사라진 단풍 같은 늦은 오후
벌레 먹은 가을, 상처받은 토마토의 붉은 마음을 주세요

*

— 파란 곡비

울음이 온몸인
바닥 어디 사지를 오므렸을 당신

*

구름이 꽃의 눈썹을 건너가는 동안, 당신이 잊은 오리무
중인 당신
북극성은 밤의 빈집, 설명될 수 없는 당신의 성역

*

당신이 있던 자리
사람들이 모여 있다 우글거리다 흩어지는 눈빛들
때아닌 진눈깨비 날린다

제4부 사이는 공간, 사이라는 공감

미스김라일락

 창가에 앉아, 커피를 마시며, 마시는 연인들을 본다. 하이힐을 닮은 낮달, 왜 저리 슬프게 웃을까. 예전 나도 연보랏빛 입술을 내밀고 낮달을 흉내 내며 웃었는지도. 뾰족하거나 둥근 서로에게 가닿아 물크러진 사람들. 함께 낮달에 들어 돌아오지 않았을까. 나귀처럼 널 지고 다닐게. 이런 입으로 가벼워지는 인생을 이해해 버린 날, 눌렀던 하차 벨. 고장 난 봄, 잎 돋지 않는 줄기.

 남은 그림자와 산책길은 걷고

 낮달의 전염성과 슬픔, 그 증상에 대해
 뿌리가 없어 말할 수 없는

 아무것, 혹은 보일락 말락 라일락.

소문

一

길어진 오후 그림자가 집과 어둠을 함께 꿰맨다

비뚤어지고 녹슨 철문 아래

비집고 나오느라 시퍼레진 풀들

햇살이 흔들던 꼬리를 물려받은 개와

백 번 쫓기다가 한 번 물린 정강이를 어둠이 뭉치고 간다

대문 틈 바닥을 긁다가 드러나는

한 평도 안 되는 거짓말을

컹컹 짖는 안개가 쌓여 덮인다

살아 있다, 아직은, 말할 수 없는

두려움을 밤새 물어뜯는

一

어떤 송곳니들이

먹는다와 먹힌다

사이

한 점 오늘을 뜯는다

햇살이 배설한 것인데도 검은

시뻘건 환(幻)

펄럭이며 떨어지는 귀

一 벽에 붙은 귀들 좀 봐, 담쟁이 잎처럼 푸른, 삽시간에 덮어 버린

　벽은 커다란 귀

　귓속엔 의자가 있고 소녀가 살고 소녀는 창문에 코끼리를 그리고 창문을 열고 나온 코끼리가 소녀를 둘둘 삼켜 버리고, 의자만 홀로 남을 때

　먹물처럼 묶을 수도 없는
　해파리처럼 펄럭이는
　마술사의 보자기처럼 검은
　그 귀

　의 배후가

　세월을 덮쳐

　비명이 그리울 때마다 귀 하나를 자르고
二 절규가 그리울 때마다 귀 하나를 자르고

배반이 그리울 때마다 귀 하나를 자르고

창문이 흔들리고 어둠이 깨지고

바람 소리에 묶인 소녀의 알 수 없는 말소리만 아스라하고

귀는, 점점

모든 낮이 물었다

一　　딴다,

　　한꺼번에 켜진 벚꽃의 부피 몇
　　바게트를 뭉쳐 만든 별
　　눈시울 붉은 손거울
　　눈동자에 찍힌 한 컷

　　손톱에 덧칠한 청춘이 반짝인다

　　공원 나무에 기댄 채 나이테를 세는 동안
　　당나귀가 기다리는 길모퉁이 옆
　　벽을 가득 채운 담쟁이넝쿨이 써 내려간 구불구불한 이야
기를

　　밤으로, 불빛이라고는 없는 후일담으로

　　지워질 시(詩)와
　　주르륵 빗물과 빛바랜 노트를

二　　쓸래, 덧니 뽑던 어떤 봄날을

멈출 줄 모르던 피가
어떤 봄을 쌓았는지 밤이 허물던 밤에 대해

판권을 넘겨준 계절이
가로등 아래 봄밤을 재방 중이다

화르르— 진다, 다시 봄

아무도 이름 부르지 않았다

1.

내가 선택한 것이 아니야.

어느 날 문득 첫눈처럼 너는 뜻밖의 세계로 나를 이끌었지. 맹지여서 들지도 나지도 못하는 곳처럼 오랫동안 서 있었어. 너의 다정함이 편협한 단어 몇 개로 단꿈에 빠진들 무슨 소용이겠어. 너는 도대체 나를 알기는 하니. 내 진짜를 보지 못한 네게서

내가 유일하게 보는 색깔은 검정

2.

유리 조각이 나를 통과한 후, 내가 기억하는 건 입술의 농도, 카펫의 술렁임, 눈꺼풀을 쓸던 햇살의 하얀 손가락뿐이다. 새소리가 들리는 아침을 읽어 주는 너의 낮은 목소리에 묻어 있던 슬픔. 난 이불을 덮어쓰고 숨을 죽이다가 고함을 질렀다. 참을성 좋은 네가 피아노를 치기 시작했을 때, 흰건반을 누르는 차가운 네게서 마왕의 망토 자락이 만져지고

놀란 화병이 소리치며 깨졌다. 이젠 네 손가락만 만져도 너를 찾을 것이다. 너 거기 있는 거 맞지. 얼음송곳을 쥔 손아귀가 떨리고,

  새들이 햇살을 물고 사라진
  숲의 블라인드 속에서
  유일하게 내가 선택한 색깔은 검정

나의 식물도감

—   산이 다 자랐다 노란이끼버섯이 피었다 태워 먹으면 울지 못한다고 들었다 미래의 네게 일그러진 표정을 다 보여 주는 것은 절망적이다

  네 시를 지나는 숲의 소실점에서 안개가 밀려온다 나무와 나무가 팔을 벌려 알려 주었다

  귀를 닮은 머위잎, 바싹 말려 먹으면 흥이 사라진다고 했다 안개가 머위를 덮치고 바깥은 희미해져 갔다 귀가 더욱 커졌다

  이 숲은 너의 것
  나는 배가 고팠다 너의
  첫 표정이 기분을 좌우했다

  햇살은 숲을 키우고 한낮을 다독이는 일에 열중한다 안개가 사라지고 여뀌꽃이 흐무러져 있다 삶아 먹으면 피가 멈춘다고 했다 무심결에 베여 영혼의 손가락 하나를 잃은 소녀를 알고 있다

—

벌깨덩굴, 처녀치마, 홀아비꽃대, 광대수염 너의 시작과 끝, 접혀 있는 페이지마다 그늘이다

나는 최소한으로 피었다가
최대한 흔들리는 손금을 쥐고 있다

맨발로 일어서서 나무가 경계를 지웠다

산을 내려온다 점점 흐려지던
산딸나무 가지 끝의 얼굴이 사라진 뒤였다

버리고 있다

一 곱슬머리의 뒷모습
버리며 누굴까 생각해 보기로 했다

액자를 대문 밖에 세우니
조금 내가 거칠어진 기분이다

화요일 쪽으로 셀카를 찍는데 다른 사람이 나왔다

식물을 들이고 구피 밥을 주다
갈래머리 커튼을 없애고 우는 열여덟의 채널을 돌리면
차례대로 되살아나는 현재

아는 목소리가 웃고 있어 채널을 멈춘다

고양이와 구피만 남겨 놓고 집을 나선다
불량해진 기분이 몰려왔다

프로필 사진을 찍기로 했다
좌우 얼굴이 맞지 않는 건 변덕의 구체성을 뜻하죠
二 열여덟을 다시 꺼내 올 수 없기 때문인데

사진관 주인이 기다란 코를 만지며
바나나처럼 웃어 보세요
눈높이를 맞추다가 사진 밖으로 퇴장한다

뭐든 젊게 진열하고 싶은 옷 가게 주인처럼 부쩍 생각이
는다

파초 잎에 손자국 난 바람이 수작을 부려도
내 그림자는 반에서 반으로 줄어들고 있다

조금 남았다, 그림자

협주곡, 겨울

ㅡ

횡단 열차는 바다를 향하고 기다리는 사람 없는 눈은 종일 온다

역사에 놓인 피아노는 늙은 고양이를 찾고 있었을까

눈은 아무 일 없어서
오고 가는 발자국을 덮어 버리고

내게 와 닿은 일마저 잊어버린
겨울을 더 겨울이게 하는
동백이 노을빛으로 쏟아지고
차창 너머 바위가 짐승처럼 웅크린다

자작나무를 훑는 바람의 하울링
겨울은 소리에서 색깔을 지운 울음 같은 것

오직 겨울만 있는 방향으로
느리게
끝물처럼 느리게 겨울이 지나갔다

ㅡ

열차의 끝 칸 지붕에 부딪힌 햇살이
반짝 빛나다 사라질 때

열차는 바다 위를 달리고

창문 밖으로 파도의 악보가 날아올랐다

섬과 섬 사이

一　　만지도에 갔다 당신이 방파제 끝에 의자처럼 앉아 있다 신문처럼 커다란 바위에 쌓인 햇살, 끝에 있어서 더욱 멀어지는 당신, 왜 하필 지금

*

　마음을 만져 준다 해도 한 사람은 바다의 배경이 되고
　한 사람은 바다를 기억하지 못한다

*

　왼팔이 부러진 파도 위로
　비는 오른발이 찢어진 채 사흘 내내 울고
　물새가 환각처럼 실종된 당신의 눈앞을 스쳐 갔다

　출렁다리의 분리불안을 이해한다 익숙하지 않은 골목을 지날 때의
　나를 발견하게 되니까

二
*

사이는
여전히 일월화수목금토의 밖에 있다

내향적인 방

―

 섬세한 취향에 골몰한다. 생각이 뾰족한 지붕 끝을 더듬어 보고 있었다. 엔딩의 예감을 배경으로 의심하는 대로 꾸려진다.

 코바늘로 뜬 구름의 성근 그늘은 나드는 바람의 속사정을 알 길이 없으나, 지속 가능한 눈물을 머금은 옷소매로 바뀐다.

 즉시 입주 가능, 전단지가 붙은 집은 창틀만 있고 문의 흔적뿐이다.

 햇살이 마당의 호랑가시나무 빨간 손톱 밑을 따고 있었다. 호랑이, 가시, 붉음, 존재론의 결말처럼 단단한 세계.

 복도 끝까지 걸었다. 그림 속 단발머리 소녀가 응시하는 곳을 본다. 회벽 저편의 기억처럼 얼룩이 쏟아졌다.

 턴테이블 아래 동심원을 깨고 울려 퍼지던 노래는 아직도 유효한 걸까. 끝없이 되돌아가던 상처처럼 출구 없음, 노래는 그림 앞에서 끝이 났다.

―

언제쯤 입주 예정인가요. 아무것도 필요치 않습니다. 창문만 가지고 오세요.

돌아간다, 다시 전단지를 읽어야 한다.

일요일엔 말이죠

모자는 빨갛고 배낭은 홀쭉합니다. 종일 걷는 월요일은 혼자여서 좋습니다.

바람이 주둥이를 세워 홍시를 파먹던 다음 날, 골목 이층집으로 아침은 꼬리를 감춥니다. 발자국이 미끄러진 비탈길에 흩어진 비구름. 꽈배기 무늬 스웨터의 난감한 발걸음이 빨라집니다.

하루의 표정은 구름 때문이라는 이웃집 아이에겐 아무 일도 일어나지 않을 겁니다. 새가 날아가는 쪽에서 울음은 태어날까요 사라질까요.

수요일의 주먹은 사과. 빨간 새는 행락객입니다. 사과나무의 애벌레가 바닥으로 툭— 떨어집니다.

크래커를 먹으며 걷던 여자가 9처럼 서 있습니다. 억지로 찾아온 목요일이 목구멍에 걸렸습니다. 입술을 손바닥으로 지워 버린 뒤의 얼굴이 일그러집니다.

내일과 모레를 택배 주문합니다. 나는 비에 흠뻑 젖은 보석상이었나 봐요. 토요일은 밤이 좋아, 선술집 입간판이 취기를 못 이기고 쓰러집니다. 현관문을 열자 눈꺼풀이 베개를 끌어당깁니다.

 금을 지키느라 눈이 커다란 금붕어가 잠든 새벽을 까치발로 지나갑니다.

당나귀와 왜우산풀과 수탉

날고 있는 새
걷는 당나귀
나는 눈동자에 박힌 햇살을 찔끔대던 참이고요

뿔을 흉내 낸 귀처럼
실패는 언제나 뾰족합니까 고개를 꺾으면 쏟아지는
미완의 주머니입니까

길가의 키다리 왜우산풀 속에 손을 넣으면
버려진 우산처럼 덩달아 커지는 풀풀풀,
생각들 가벼운 풀씨처럼
흩날리는 생이어서
정직한 기분은 도움이 되지 않습니까

눈을 감고 웃으면 운명이 바뀌겠습니까

 주인 없는 하늘의 양 떼를 몰고 자존심을 치키는 수탉 한 마리
 화려한 깃털은 바람을 입고
 곧 날아오를 수 있습니까

기다림을 내려놓은 새처럼 우리는 가벼워집니다
터무니없이

태양이 내 등 위로 솟고
흰빛이 부서지는 순간, 완벽한 자세로 새가 될 수 있습니까

높이를 넘어선 마지막까지
날아오를 수 있습니까

경주

一   토끼는 거북이를 지목했다. 새들이 높이 날아오르는 것은 출발 신호. 토끼와 거북이가 달리기를 시작했다. 어쩔 수 없이 삶은 그런 것이라고. 폭우가 시시비비 가리려 쏟아질 수도. 우산을 준비하는 것까지가 경주. 계속되어야 한다. 갤러리 구름을 몰고 바람이 가장 앞서간다. 모퉁이에 있던 민들레 머리가 풀어졌다. 뒤가 궁금하지 않은 거북이가 앞만 보고 달린다. 아니 걷는다. 미루나무를 미루나무가 자라는 속도로 지난다. 토끼는 보이지도 않고 지나가지도 않았다. 아직 출발점에서 상황만 본다. 거북이에게 졌던 동화 속의 전력 때문에 토끼는 기필코 이기고 싶었다. 낮잠의 꾐에 넘어가지 않으리라 다짐하는 사이, 거북이는 거북하게 상수리나무를 지났다. 토끼는 길가에 널린 불안을 뽑고 걱정도 치우고 세심하게 웅덩이도 메웠다. 운동화 끈을 다시 매며 기도의 끈도 놓지 않았다. 멀리 먹구름이 몰려오기 시작했다. 토끼가 숨을 참으며 첫발을 내딛는 순간, 얼룩 뱀이 기어가고 있었다. 커다란 귀로 눈을 가리고 온 신경을 발끝에 모았다. 전력 질주는 앞다리의 힘을 뒷다리로 모아 허공을 차는 것, 엉덩이를 용수철로 바꾸는 것, 거북이가 어디쯤 있나 잠시 살

二   펴보니, 느리게 느티나무를 향하고 있었다. 순간, 하늘이 캄캄해지며 빗방울이 떨어지기 시작했다. 걱정이 불안이 스쳐

눈이 빨개져 빗줄기가 더욱 거세졌다. 토끼 눈이 점점 커지더니 쫑긋한 귀를, 놀란 입을, 보일 듯 말 듯 한 꼬리를 덮쳤다. 마침내 눈만 남은 토끼, 데굴데굴 눈알만 달린다.

흰색 교향곡 2번

당신을 생각하는 동안, 무료하게 응시하던 꽃병이 더 어두워졌다 서랍 위 커다란 거울 속 의자의 저 여인은 나를 훔쳐 입은 게 분명하다

오후 네 시의 회벽, 햇살에 비친 나무의 음영이 또렷해진다 나머지가 사라져 간다 당신을 비롯한 나는 사라진 것을 믿었다

흰 종이부채를 팔목과 나란히 두는 일, 당신은 무더위와 내연인 것이 틀림없다 당신이라는 부채를 끝내 해결하지 못해서
 흰 꽃
 흰 손목
 흰 캔버스
 단 하나로 이루어진 세계, 흰

식초에 얇은 납을 잘라 넣고 동물 분뇨를 채운 항아리 뚜껑을 열었다 붓끝으로 세심하게 덧칠할수록 여인의 옷이 빛난다
 휘슬을 분다 기분에서 당신을 몰아내는 주술처럼

고딕으로 쓰인 소설은 창가에 서는 것으로 태양처럼 영원할 수 있다고 생각한다

동쪽은 내 안의 출렁이는 당신을 따라 그릇을 채우고 두 손 모으기 좋은 방향이다 마지막 인사와 함께 캄캄해졌으므로 거칠게 서쪽을 커튼으로 가린다

수은처럼 혼탁하고 무거운 불면
흰색 교향곡 2번으로 주위를 밝히고
소설의 마지막 장을 마저 읽는다

고딕으로 가득 찬 나를 불러 세우는 주인공이 등장한다

*흰색 교향곡 2번: 제임스 애벗 맥닐 휘슬러의 그림.

even
제5부 교환 불가능한 추억의 형태

몇 개의 표정

껌이 타일 바닥에 붙어 있습니다

교환 불가능한 추억의 형태죠

파라핀에 담근 불법체류자의 손이 녹아듭니다

말꼬리가 어둑한 저녁으로 바뀌는 시간

우리 벌게진 얼굴로 저녁은 어김없이 밤으로 쏟아지고요

퀭한 눈 마른 입술들이 모르는 척, 못 이기는 척

마감 시간 임박한
두 블록을 지나고 아직 두 블록이 남았습니다

이제부터 질문입니다
사랑합니다 혹은, 이런 수수방관을 처음 당합니까

뼈대만 남은 울음으로는
울 수 없습니다

아발레

一 호모하빌리스
   입술 하나로 세계와 맞서는 여인들

   한 무리 염소 떼가
   바람에 섞였다가
   피 흘리는 입술 속으로 태양을 몰고 들어간다

   몸에 든 밤이 끝내 붉어서
   저장된 슬픔을 짓이겨 심지를 세우면
   호롱에서 시작되어 흔들리는 누대의 긴 그림자 하나

   밤은 여인들의 것
   오모 계곡 여인들이
   입술 속에 내일 필요한 얼굴을 굽고 있다

   동트기 전에 붉게 달아오르는
   먼 산 위의
   입술 하나

二 기지개를 켜면 우르르, 염소 떼가 몰려 나가는 태초가 된다

⁺이발레: 에티오피아 오모 계곡에 사는 수리족 여자들이 아랫입술을 뚫어 끼우는 흙 쟁반.

실낙원

一
벌거벗은 몸을 권하는
다큐를 본다, 소들이 해변에 쌓인 헌 옷을 뜯고 있다

가나의 칸타만토에 흘러든 옷들이 새 삶을 구하고 있다

패잔한 옷의 이민자들
바다로 쓸려 산호처럼 산다
팔다리가 빠져나간 거죽들이 해초로 쓸린다

칸타만토는 파도마저 섬유질이다 햇살이 엉켜 친친 감긴다

바짓단을 말아 올린 소년은 수수밭을 본 적이 없고
감나무 끝 하늘을 훔치던 까치밥을 모른다

단돈 5세디로 차려입은 새로운 하루는 이미 오래된 것
소년의 어깨를 치켜올릴 수 있을까
요람 가득 아기 웃음을 채울 수 있을까

쌓아 올릴수록 무덤이 되는 거대한 언덕

一

내가 버린 바바리코트 속으로
구름이 흐르고
꽃무늬 원피스, 헌 바지, 구멍 난 셔츠 구름에도
조금 헐렁한 누군가가 몸을 밀어 넣을 것이다

내일의 헌 옷을 펼쳐 놓고
문밖에 당도한 내일 아침은 금제 단추처럼 반짝이겠지

모두의 알몸을 본적으로 둔
사람을, 겉치레를 벗은 뒤에 올 낙원이
가족을 이루듯, 어딘가에 있을 것이다

*가나의 칸타만토: 가나의 수도 아크라에서는 세상 모든 헌 옷들을 거래한다.

떠다니는 국경

一 　난민 지위 신청 판결문이 통역되는 동안
　먼저 알아들은 나는
　귀가 붉도록 울었다

　모르는 얼굴 얼굴이 저마다 국경인 이곳

　철망보다는 궁금하지 않은 창밖이 더 두려웠다
　햇살을 따라 자리를 옮겨 다니는 사이
　검은 텐트에선 햇살도 뼛속까지 시릴 수 있다는 것을
　나는 잠만 잤다 귀를 열어 둔 채였다

　어디로든 갈 수 있는 두 다리의 꿈이
　화약 연기와 끝없는 잠에 덮여 있었다

　잠의 허구, 우리의 집이 아니었다 꿈은 지붕이 없어 훤히 비치고

　오래 철망 안에 머물면 꿈의 운동장에도 가시가 돋지
　빵이 없다고 내일을 포기한 건 아니었어
二　걷어차인 공처럼 뒹굴다 보면 온몸에 땀이 나

진짜 잠이 비로소 쏟아지지

　자신의 세계에 갇혀 아무것도 모르는 어른들이라는 난민의 지위

　건전지 없는 장난감들이 세계를 돌아다니는 밤
　검은 텐트를 들치면
　잠이 유통기한을 넘긴 우유처럼 끈적하게 쏟아졌어

　밖은 여전히 국경입니까?
　아직도 웅크린 목숨들뿐인가요?

*체념 증후군: 스웨덴으로 들어온 난민 아이들에게서 발견된 잠만 자는 특이한 질병.

이미

―   ㄱ에 기둥 하나 괴는 데 시간을 다 쓰고 저녁을 맞네

　　 입술과 입술을 맞대면 무성해지던 침묵

　　 바닥은 어떤 상처에도 녹스는 법이 없네

　　 사랑한다 말하기 전에 귀를 떼어 버렸으므로

　　 알알이 딸려 나오는 알감자 같은 눈물

　　 우리는 어쩌다 읽다 만 한 권의 서글픔

　　 이웃하는 각의 기울어진 표정처럼

　　 검지의 은반지가 만들어 놓은 일그러진 시작을 알기나 할까

　　 실패에 감긴 실이 바늘을 뚫을 때

　　 이미는 대못을 친 창문

―

뒤늦은 것을 비로소 알았다는 뜻

해설

이미지의 내파와 공백의 정동

박대현(문학평론가)

1. 모든 서사의 바깥 이미지

시인은 이미지에 압도된 존재다. 시인의 감각 속으로 침투하는 무한한 이미지들. 하지만 일상적으로 반복되는 이미지들로 인해 지친 존재이기도 하다. 그럼에도 시인은 이미지와 싸울 수밖에 없는 존재다. 시인은 투쟁한다. 이미지가 세계를 인식한 결과의 산물이라면, 시인의 이미지는 감각수용체에 의해 받아들여진 수동적인 결과물이 아니라 시적 사유에 의해 다시 재구성해 낸 능동적인 결과물이다. 세계와 사물의 이미지에 둘러싸인 시인은 스스로에게 침투해 들어오는 이미지를 가르고 잘라 내고 벗겨 내는 과정 속에서 자신만의 독특한 이미지를 구현한다. 시인은 세계를 사랑하지만 그 사랑은 이미지와의 불화에 기반한다. 세계의 이미지와 불화하는 과정에서 시인의 주체는 온전할 수 없다. 시인의 주체는 이미지와의 싸움으로 인해 파괴되고 흩어지며, 시인의 정동(affect)으로 인해 소용돌이친다. 시인은 세계와 불화할지라도 그 자신조차 세계의 일부라는 사실을 안다. 그러니 자신과의 불화 역시 불가피하다. 외부와 내부 사이에서 양방향으로 투쟁 중인 자, 그것이 바로 시인이다. 그래서일까. 정선우 시인은 외부와 내부 사이에서 발생하는 극한의 이미지 체험을 시집의 맨 앞에 배치한다.

나는 거울 뒤의 겨울
급브레이크 뒤의 찢어진 침묵

나는 읽을수록 무거워지는 책, 찢어 버린 차례
나는 다만 목이 함몰된 기린이자 물에 비친 그림자

무대 위 독백이 꺼내 놓은 데칼코마니
그러나 나는 토제 방울에 그려진 춤추는 여자
수목한계선이자 스피노사우루스의 생몰 연대기
그러므로 돌아오지 않을 부메랑

나는 다만 불시착한 우주인이 받아 든 구름 백반 정식

견디느니, 공기 없는 3분 물 없는 3일
나는 다만 끝을 모르는 심장의 돌림노래 속 무모한 빨강
빗방울이 떨어져 새길 물무늬
호수 위 머뭇거린 눈발

마침내 달을 훔친 이야기의 첫 주어이자 모든 서사의 바깥
   나는, 다만
   　　　　　　　　　　　　　　　　　—「익스트림 익스프레스」 전문

  인간은 항상 자신의 감각에 비친 세계를 현실로 받아들인다. 감각으로 확인한 세계는 인간에게 의심의 여지가 없다. 그러나 인간의 감각은 세계를 비추는 일종의 거울에 지나지 않는다. 그것도 한쪽의 특정 방향만을 비추는 거울이다. 거울 이미지에 사로잡힌 자는 거울 속에 감금된 자라고 할 수 있다. 자키 피쇼의 말처럼, 그것은 나르키소스와 다를 바 없다. 나르키소스가 죽은 이유는 자신의 모습을 사랑해서가 아니다. 자신이 사랑한 형상이 자신의 모습이라는 사실을 깨달은 충격 때문이다. 나르키소스 신화는 우리가 인식하는 세계가 객관적 실체가 아니라 우리 자신의 욕망이 만들어 낸 환영의 그림자에 지나지 않는다는 사실을 말해 준다. 라캉이 말한 상상계가 정확히 이것에 해당한다. 세계의 전체상은 자기 욕망의 거울에 투사된 형상에 지나지 않는다. 바로 거기서 세계의 거울상과 실재 사이에 간극이 발생한다. 하여, 시인은 "거울 뒤"를 들여다본다. "거울 뒤"는 "겨울"이다. 거울 앞의 세계는 익숙하고 안온한 계절이다. "거울 뒤"의 세계는 혹독한 "겨울"이다. 하지만 시인은 "거울 뒤의 겨울"을 지향한다. 자신을 가두는 세계의 이미지를 벗겨 내고 "겨울"의 세계로 진입한다. "급브레이크 뒤의 찢어진 침묵"이란 바로 세계의 균열, 즉 이 세계의 파열 지점을 의미할

것이다. 그 파열 지점에서 시인의 언어는 "거울 뒤"의 이미지를 찾아 "돌아오지 않을 부메랑"처럼 "수목한계선"과 "스피노사우루스의 생몰 연대기"에까지 닿는다. 시인의 언어는 자유롭다. 흙으로 구워 만든 "토제 방울에 그려진 춤추는 여자"처럼, 또는 "데칼코마니"처럼 펼쳐지는 "무대 위 독백"처럼 자유로운 시인의 언어는 "불시착한 우주인이 받아 든 구름 백반 정식"이라는 이미지까지 생성한다. "익스트림 익스프레스". 시인의 언어는 극한의 급행열차(extreme express)처럼 극한('extreme')의 표현('express')을 하는 듯한 정동을 머금는다. 시인은 "끝을 모르는 심장의 돌림노래 속 무모한 빨강"의 이미지를 지향하지만, "빗방울이 떨어져 새길 물무늬/호수 위 머뭇거린 눈발"과도 같은 감산된 이미지들의 발견에도 언어의 감관(感官)을 투여한다. 시인은 "다만" 불가능해 보였던 "달을 훔친 이야기의 첫 주어"가 되고자 하는 언어를 꿈꾸고 "모든 서사의 바깥"을 열망한다.

2. 이미지의 내파와 충동의 언어

시인은 이미지에 감금된 세계를 내파(imploding)하는 존재다. 세계의 이미지를 벗겨 내는 충격은 내파의 충동(drive)이 임계점에 달한 시인의 언어에 의해 달성된다. 정선우 시인에게서 내파의 충동은 "몸에서/불필요한 구름과 물고기들과 일인칭 문장들이 빠져나간 후의 내가/박자를 타기 시작한다"는 문장에서 확인된다.(「주크박스」, 이하 같은 시) 내파의 충동은 파동(wave)의 형태로 시인의 신체를 지배한다. 시인의 내면에서 형성된 세계 이미지들은 "불필요한 구름과 물고기들과 일인칭 문장들"로 이루어졌으므로, 이들은 모두 빠져나가야만 한다. 그런 후에라야 시인은 이미지의 "박자를 타기 시작"할 것이다. "일인칭 문장들"로 이루어진 '나'. 당연한 말이지만 세계를 벗겨 내는 일은 '나'를 벗겨 내는 일이다. '나'를 벗겨 내는 과정에서 "네모진 상자의 마트료시카"와도 같은 "다층적"인 '나'를 마주한다. 시인은 '나'를 벗겨 낸다. "나를 깎고 깎는다 심장만 남게 될 때까지". 그런 후에라야 "몸에서" "일인칭 문장들이 빠져나"갈 수 있는 것이다. "일인칭 문장들"이 빠져나간 후에는 어떠한 내면 풍경이 도래하는가.

  다시 나는 무엇이 되었나. 한결같은 저 달과 달빛만이 드러낼 수 있는 모든 차가움을 눈에 담은 채. 알 수 없는 이미지들이 잎맥처럼 숲 가득 펼쳐진다. 귀를 만지던 손가락이 당신의 것이었음을 떠올린다. 내게서 조금씩 벗겨지는 허물. 이제, 나는 무엇이 되었나.
                ―「숲에 달이 켜지고 나는 조금씩 젖고」 부분

시인은 묻는다. "다시 나는 무엇이 되었나." 시인은 지속적으로 '나'를 벗겨 낼지라도 결국 또 다른 '나'에게로 귀착될 수밖에 없는 운명이다. "매번 나의 번호가 달라"지는 영토야말로 시인의 영원한 정주지이다(「주크박스」). '나'를 벗겨 낸 후의 '나'는 새로운 풍경을 마주한다. "한결같은 저 달과 달빛만이 드러낼 수 있는 모든 차가움을 눈에 담은" 풍경은 그대로일지라도 "알 수 없는 이미지들이 잎맥처럼 숲 가득 펼쳐진다." 저 "알 수 없는 이미지들"이야말로 시인이 가닿고자 하는 세계다. 시인의 주체는 또 다른 '나'로 지속적으로 변해 가는 '과정(process)' 그 자체다. 화이트헤드는 그것을 '합생(concrescence)'이라고 부른다. '나'라는 질문이 하나의 답을 얻고 다시 그 답이 질문이 되는 '과정' 속의 '나'. 시인은 "내게서 조금씩 벗겨지는 허물"을 운명으로 삼는다. 그리하여 다시 묻는다. "이제, 나는 무엇이 되었나." '나'에 대한 질문은 세계에 대한 질문이다. '과정'으로서의 '나'는 '과정'으로서의 '세계'에 상응한다. '나'에 대한 심층적인 천착은 '세계'에 대한 천착이다. 이 천착은 아래와 같은 세계의 풍경에 깊숙이 연루되어 있다.

의자는 조금 기울어져 있다
저것은 기린이 아니다

한쪽으로 구부러진
흰 소라 껍데기가 빛난다
귀를 기울이는 모든 것을 기린이라 부를 수 있다면

수평선이 상하로 펄럭인다

모든 것이자 기린은 아무것도 아닌 것

해변에서 해변까지
　　뛰어간 몇 개의 발자국

　　기린이라는 형식은
　　목을 늘어뜨리고 몸을 최대한 낮추며 바깥이 된다

　　어두워진다
　　기린이 도착하지 않은 곳의 이름은 밤이다
　　지치지도 않는 파도

　　한번 가서
　　다시 오지 않는
　　모래 글자 위에 찍힌 발자국

　　기린국으로 가는 지도가 된다 모래바람이 불어 반쯤 지워진 세계

　　의자는 더 기울어져 있다
　　이것은 기린이었던 적이 없다
　　　　　　　　　　―「기린을 기다리는 해변」 전문

　이 시는 부재하는 풍경에 대한 것이다. 시의 제목이 암시하듯이 이 시는 '기린'이 부재하는 풍경을 그려 낸다. 해변

의 "의자는 조금 기울어져 있"고 해변의 의자, "저것은 기린이 아니다". "한쪽으로 구부러진/흰 소라 껍데기가 빛"나고 "흰 소라"처럼 "귀를 기울이는 모든 것을 기린이라 부를 수 있"기를 바랄 만큼, 시인은 '기린'이 부재하는 풍경을 펼쳐 보인다. "수평선이 상하로 펄럭"이는 해변에서 '기린'은 "모든 것"이지만, 지금 부재하므로 "아무것도 아닌 것"이다. 시인은 해변의 사물에 대하여 '기린'이 아니라고 말하면서 해변의 사물을 '기린'이라고 부르고 싶어 한다. 하여, 해변은 부재하는 '기린'으로 가득하다. "해변에서 해변까지/뛰어간 몇 개의 발자국"은 모든 것이 "기린이라는 형식"에 연루된다. '텅 빈' "발자국" 위로 '기린'이 우뚝 선 채 뛰어간다. 어디서? 해변의 "바깥"에서! 시인은 이미 '기린'의 형식에 대해 말했다. "기린이라는 형식은/목을 늘어뜨리고 몸을 최대한 낮추며 바깥이 된다"라고. 바깥! 해변의 '바깥'에 있는 '기린'은 어느새 해변의 이미지와 겹친다. 해변의 모든 것은 '기린'이 아니지만, 해변은 '기린'으로 가득 차게 된다. 부재의 형식으로. "기린이 도착하지 않은 곳의 이름"은 "밤"! "파도"는 "지치지도 않"고 "한번 가서/다시 오지 않는/모래 글자 위에 찍힌 발자국"은 '기린'의 발자국이 아니어도, '기린' 발자국이 된다. "기린국으로 가는 지도가" 되는 것이다. 그러니까 이 시는 처음부터 해변의 이미지를 벗겨 버린 상태다. 그것은 투명하지 않지만 이미 투명해져 버린 알몸의 풍경이다. 투명과 불투명의 간극 사이로 "의자는 더 기울어져 있"고 "이것은 기린이었던 적이 없다". 하지만 이미 해변에는 '기린'이 가득하고 해변의 바깥이 가득하다. 해변의 바깥에는 "기린국"이 존재하고, 그것은 "모래바람이 불어 반쯤 지워진 세계"다. 지워진 '투명'과 지워지지 않은 '불투명'의 세계. 그러니까 이 시는 해변과 해변의 바깥이 중첩된 풍경이 아닐 수 없다.

세계의 바깥을 투시하고자 하는 충동의 언어는 시집 도처에서 발견된다. 이를테면 "시작해 볼까 높게 나는 새가/부리로 찢어 놓은 구름의 귀퉁이로/쏴아아 쏟아지는 허공"과 같은 문장을 보자(「안녕이 여름처럼 차가워?」). '새'는 물론 시인과 동일시되는 대상이다. '새'가 부리로 찢어 만들어 내는 '허공'의 이미지는 상징계의 빈 구멍과도 같다. 그곳은 상징계의 내부인가 외부인가. 내부와 외부가 중첩된 그 자리에서 기이한 '꽃'이 핀다. "그러니까, 꽃은 그토록 투명한 얼음의 뼈"다. "자라다 자라다 그곳이 허공임을 깨닫고/끝내는 산산이 흩날리는 눈발"로 떨어지는 꽃!(「꽃 아닌 게 없다고 들었다」) 이것은 꽃인가, 눈인가, 아니면 허공으로서의 공백인가.

> 꽃의 공백으로 내리는 눈과
> 눈이 녹은 자리에 들어앉는 꽃을 이해할 날이 올까요
> ―「마주한 의자가 비어 있다」 부분

'꽃'이 사라진 자리에서 "꽃의 공백"으로 '눈'이 내린다. "눈이 녹은 자리"에서 '꽃'이 핀다. '꽃'과 '눈'은 허공이라는 공백을 경유한 서로의 다른 모습이다. 즉, '꽃'과 '눈'은 허

공을 목격한 존재의 서로 다른 모습인 것이다. '꽃'과 '눈'이 서로의 몸을 바꾸는 자리가 바로 허공이다. 이 세계의 내부와 외부가 몸을 섞는 자리. 그곳에서 꽃은 "얼음의 뼈"가 되고 "꽃의 공백"으로서 '눈'이 내린다. 한번 열린 허공의 문은 시인의 내면에서 결코 닫히지 않는다. '꽃'이 자라서 "얼음의 뼈"가 되고 다시 '눈'이 되어 흩내리는 내면 풍경이 시인을 지배한다. 그렇다면 시인의 내면은 이미 폭설이 아닌가. 아래 시를 보자.

> 문이 열리고
> 닭이 크게 울었다
> 닭과 문의 숫자가 일치하지 않는다
>
> 모래시계가 뒤집혔다 징조라고 잠깐 생각했다
> 산산이 흰 돌을 솜 타는 기계에 넣은 하늘이
> 쉬지 않고 내린다
>
> 적막한 도로의 나무와 울타리
> 그 아래 자갈들은 조금씩 눈에 편입될 것이다
>
> 아무도 찾지 않는 그네를 두고 간 사람은
> 어디로 갔을까 남겨진 선물처럼
> 보이는 것들이 흔들리다가 희미해지다가
> 나타나기를 반복한다

벽지를 타고 올라가는 흰 곰팡이 천장을 덮고
식탁 아래 슬리퍼가 삼켜 버린 발목

뭔가 숨긴 듯 판 델 보는 창문을 열면
예기치 않은 표정의 공포가 쏟아질지도

가까이 가 보면 다 똑같은
사람들에 대해 이제는 솔직해져야 하는데

흐린 눈 속에
집에 가야 할 시간인데

문과 문 사이, 지겹도록 사람 생각이 쌓인다

오류투성이의, 폭설 위를 걸으면 두 줄의 발자국만 남는

갓 태어난 아이처럼
다 젖어 버렸다

문이라
마음은 문고리도 없는데
닫아도 닫히지 않고
열어도 열린 줄을 모른다

―「폭설」 전문

 이 시는 드물게 다소 강한 어조로 심리적 동요와 난맥을 드러낸다는 점에서 주목할 필요가 있다. '문'이 열리고 '닭'이 크게 운다는, 시각과 청각을 동원한 이미지는 아침부터 '폭설'이 쏟아지는 풍경의 비유다. 예상치 못한("닭과 문의 숫자가 일치하지 않는") '폭설'. "모래시계가 뒤집"힌 듯한 '폭설'의 세계는 전혀 다른 세계의 형상을 보여 준다. 천상과 지상이 접(接)붙는 듯한 풍경의 세계가 펼쳐진다. "산산이 흰 돌을 솜 타는 기계에 넣은 하늘이/쉬지 않고 내린다"는 문장을 보라. 천상과 지상이 뒤섞이고 "적막한 도로의 나무와 울타리/그 아래 자갈들은 조금씩 눈에 편입"되고 있다. '폭설'의 세계("보이는 것들")는 "흔들리다가 희미해지다가/나타나기를 반복한다". 마치 세계의 '문'이 반복적으로 열리고 닫히기라도 하듯이 '눈'은 계통 없이 어지러이 흩날린다. 시인은 '폭설'에 "갓 태어난 아이처럼/다 젖어 버렸다"고 진술한다. 세계의 '문'이 열리고 닫히듯이 시인 내면의 '문' 또한 열리고 닫힌다. 열림과 닫힘의 그때를, 우리는 알 수 없다. 하이데거의 말을 따르자면, 세계의 진리는 인간에게 탈은폐되지만 그것이 인간의 의도나 계산에 의해 이루어지는 것은 아니다. 그래서 세계의 실재를 들여다보는 시인 내면의 '문'은 "문고리"조차 없어서 "닫아도 닫히지 않고/열어도 열린 줄을 모"르는 '문'이다. 더구나 시인에게 세계의 '진리'는 해석할 수 없는 세계의 실재다. 그것은 상징계라는 직조물을 해

체하는 누빔점으로 다가올 뿐이다. 그래서 세계의 '꽃'들이 누빔점에 닿는 순간 '폭설'로 흩어져 내린다. 그것은 세계의 안과 바깥이 뒤섞인 채 부서져 내리는 우울하고도 벅찬 이미지의 향연이다.

3. 울음, 모든 서사의 끝

정선우는 내파의 충동(drive)이 투여된 세계의 이미지를 밀도 있는 언어로 드러낸다. 세계의 바깥을 향해 가는 사유의 충동이 이 세계로 다시 회귀한 것이 바로 그의 시다. 하지만 시인은 이 세계의 공백이 주는 공허를 안다. 그 때문일까. 세계의 끝을 본 듯한 우울을 표출하기도 한다. 이 우울은 세계의 바깥을 향해 가는 자의 정동과 무관하지 않다. 세계의 바깥을 사유하는 행위는 세계의 상실, 나아가서는 자기의 상실에 깊숙이 연루되어 있다.

> 솜사탕처럼 희고도 완벽한 불투명
> 우울은 끈적거립니다 본능처럼 금세 눅눅해지고
> 조금씩 볼륨을 키우다 끔찍한 박쥐가 됩니다
> ―「글루미 선데이」 부분

세계의 바깥을 향한 충동에 휩싸인 시인에게 '우울'은 본능과도 같다. '우울'은 "끈적거"리는 본능처럼 시인에게 달라붙고 "끔찍한 박쥐"가 되기도 한다. '우울'은 대상 상실이 자아 상실로 전이된 결과다. 리비도는 애착 대상에 부착

(cathexis)되기 마련인데 대상 상실에 직면했을 때 리비도가 철회되지 않고 오히려 자아를 공격한다. 즉 대상 상실이 자아 상실로 내면화된 것이 '우울'이다. 세계의 바깥을 투시하고자 했던 시인에게 세계의 균열과 붕괴는 필연적이다. 그러나 세계의 바깥은 공백에 지나지 않는 것이 아닌가. 세계의 바깥(누빔점)을 자주 경유하면서 세계의 상실을 경험한 시인에게 자아가 붕괴되는 우울의 정동은 자연스럽다. "호수에 파묻힌 달이 다시 떠오른 건/돌아갈 곳이 거기밖에 없다고 생각할 때"조차도 '나'는 "사과"처럼 "으깨"지고 만다(「오시리아로 불리는 밤」). 세계와 '나'의 공허는 시인의 내면을 장악한다. 세계의 공백 속에서 "우후죽순 눅눅한 내가 태어나"더라도 "지독히도 나를 부정"할 수밖에 없다(「깡」). 그러니까 '나'는 "내용 없는 물방울"이다(「나귀―빈집」).

　우울은 슬픔을 느끼지 못하는 상태다. 상실을 상징화할 수 없을 때 나타나는 병리적 구조로서 자기 결여의 증상이다. 세계의 바깥을 투시하고자 했던 시인은 우울의 심연 속에서 자주 얼굴을 파묻는다. "당신이 있다는 확증은 편향적"이고 "나는 함께할 수 없는 곳"이다. 하지만 "얼굴을 파묻으면 공간이 펼쳐"진다.(「정선우」) 그것이 정선우의 시다. 아래 시를 보라.

　　걸어가며 보았다 피어나는 모래 꽃

　　물 사막 너머에서 밀려드는 파도

죽었다 살아나는 울음

먼 해안

바닷가 돌집 아래
슬픔
끔찍하게 쓸쓸했으나 오랫동안 지켜보았고
울지 않았다

바위는 멀리 바다를 보고 있었다
그 옆자리에 쪼그리고
노래를 불렀다

귀 없이 멀리 가는 새야,
끝이 없다 돌아보지 말아라

베개처럼 점점 멀어졌다
모든 것이 잠인 듯 평평해졌다

모래밭에 모래 꽃
끝없이 펼쳐졌다 모래밭

—「서쪽 물가 흰 모래밭입니다」 전문

독특하게도 '물'과 '사막' 이미지가 결합되어 있다. '바다'

가 "물 사막"이고 물살이 끝나는 곳에서 "모래 꽃"이 피어난다. '바다'가 '사막'이고 '모래'가 '꽃'이라니. 이러한 이미지의 역전이 초래된 이유는 시인의 우울 때문이다. 시인은 우울에 장악당한 상태다. 그러니 '바다'의 울음은 '사막'으로 펼쳐져 있다. "먼 해안//바닷가 돌집 아래/슬픔/끔찍하게 쓸쓸했으나 오랫동안 지켜보았고/울지 않았"던 기억이 있다. 슬픔은 모조리 '바다'로 흘러들어 가 '사막'이 되었다. 그것은 슬픔을 박탈당한 우울의 풍경이 아닌가. 슬픔의 의미조차 휘발해 버린 '사막'의 공허. 그것은 정말 헤어나오기 힘든 '사막'이다. 봉쇄된 울음은 '모래'처럼 내면에서 가끌거리고 차오르는 울음의 '바다'는 이미 '사막'이다. 그 '사막'의 해변을 걷다 '꽃'을 발견한다. "걸어가며 보았다 피어나는 모래 꽃". '사막의 물기'가 걷힌 곳에서 '모래'가 '꽃'이 되고 있다. 시인에게 "모래 꽃"은 공허인가, 의미인가. 해변의 '모래'가 '꽃'이 되는 외미의 진화는 시인의 내면에서 비로소 가능해진 것인가. 그것은 알 수 없다. 공허와 의미가 길항하는 해변에서 다만 시인은 보고 있을 뿐이다. "물 사막 너머에서 밀려드는 파도/죽었다 살아나는 울음"을. 비로소 시인은 시퍼런 '바다'의 울음에 발을 담근다. 그 울음에 발을 적시는 순간, 다시 돌아온 '바다'의 슬프고도 차가운 감각.

  울음은 정선우 시의 지배적인 이미지 중 하나다. 시인의 울음은 이미 여러 차례 물의 이미지로 반복된 바 있다. "호스를 자르면, 오늘의 분위기를 바꿀 수 있습니다//자른 단면으로 물이 쏟아진다, 만어산 아래/질척거리는 나의 수중 세계"라는 문장을 보라. 시인은 "수중 세계"를 사는 중이다. "연일 폭염"일지라도 시인의 내면은 "내 안으로 잠수할 수도 있는 나날들"일 정도로 슬픔으로 가득하다.(「나의 수중 세계」) 시인은 "머리통만 한 슬픔이 양동이처럼 엎질러질 것 같"고, "우산이 없는 나는 쓸 수 있는 슬픔이 많다"고 진술한다(「칸칸이 슬픈」). 내면의 슬픔을 막을 수 있는 '우산'은 없다. 차라리 슬픔이 '우산'이다. 그래서 "쓸 수 있는 슬픔이 많다"라고 뒤집어서 말한다. 이 슬픔은 어디서 비롯되는가? 그것은 삶의 불확실성에서 비롯되는 어떤 결여와도 무관하지 않다.

    외투를 벗고 구부정히 선 나무 위
    몇 잎 바람을 통과하는 새들을 지나면
    계단 아래 대문 없는 집이 있습니다

    펄럭이는 깃발의 卍은 어디로 가는 수레바퀴인지

    물에 비친 우리의 미래를 짐작한 적이 있습니다
    새가 물어다 주는 점괘, 일렁이던 사람
    가지에 속한 새의 지저귐은
    내 삶이 구획한 마당이 아닐 수도 있겠지요

    얼비친 너를 열면 문 뒤 물끄러미 내가 있고
    집 드는 길 끝 먼 데를 바라봅니다

멀리 보려는 자세는 희망적인 말투인가요
우리는 몇 번이나 구부린 무릎을 맞대어 보았을까요

그을음 자국으로 남은 액자가 걸렸던 자리

불꽃도 없이
타오를 게 참 많았던 우리였네요
유리잔에 입술이 빠뜨린 이름을 불러 봅니다
건너편 표정을 왜곡하므로
둥근 유리잔 너머의 대화를 건너뛰기로 합니다

복기해 봅니다
두 장의 티켓이 한 사람 앞에 남았습니다
창밖, 포인세티아의 붉은 토로를
쟁쾌로 가득 찬 노을이 받아 듭니다

안녕,
기차에서였어요, 불분명한 선후를 짚다가, 간판도 없는
집에 다다랐죠
길흉은 한 쌍, 종이에 쓰인 우리의 미래형

빈 잔 하나 사원으로 남았습니다
노을 끝에 딸린 오랜 밤의 이야깁니다
            —「우리가 같은 문을 지났을까」 전문

시인은 "펄럭이는 깃발의 卍은 어디로 가는 수레바퀴인지//물에 비친 우리의 미래를 짐작한 적이 있"다고 진술한다. 시인은 이 세계의 근원적인 불확실성에 대해 매우 민감하게 반응한다. 그것으로부터 회복할 수 없는 운명의 엇갈림이 초래되기 때문이다. "우리가 같은 문을 지났을까"라는 제목의 의미를 여기서 이해할 수 있다. "같은 문"을 지날지라도 운명은 각기 다르다. 문을 지나치면, 그것은 되돌릴 수 없다. "어디로 가는 수레바퀴"인지 모를지라도 우리는 이 시간을 살아가야 한다. 많은 것들이 예상을 빗나간다. "새가 물어다 주는 점괘"라는 진술은 삶의 불확실성에 대한 시인의 심리적 불안과 무관하지 않다. "두 장의 티켓이 한 사람 앞에 남"게 되는 것처럼, "우리의 미래"는 "물에 비친" 환영에 지나지 않고 삶의 "선후"조차 "불분명"하다. '우리'가 "같은 문"을 지나더라도 '우리'는 다른 운명을 산다. "길흉은 한 쌍, 종이에 쓰인 우리의 미래형"이듯이, 모든 것의 운명은 각기 다른 길로 간다. 시인은 이미 여러 차례 예측 불가능한 삶에 대한 불안과 결핍을 드러낸 바 있다. "우연은 흘러간 곳에 따라 결과가 달라지는 병"이라거나(「안개」), "훗날은 물결무늬로 가득"하고 "탕진한 얼굴로 가장 먼저 울먹일 사람", 즉 "미래의 얼굴"이 울고 있다는 진술이 그렇다(「얼굴의 훗날」).

　정선우의 시는 서사의 바깥을 향한 충동을 지니고 있다. 그리고 다시 서사 내부로 회귀하는 과정에서 세계의 공허와 우울, 불확실성과 불안, 그리고 무엇보다 슬픔의 정동을 표출하고 있다. 혹은 세계의 모든 서사를 관통하는 과정에서 세계의 바깥을 사유했는지도 모를 일이다. 그의 언어는 "돌아오지 않을 부메랑"이고자 했으나, '부메랑'은 돌아올 수밖에 없는 운명이다(「익스트림 익스프레스」). 서사의 바깥을 지향하는 사유가 결국 모든 서사를 껴안는 사유가 되고 말 운명이듯이. 그 모든 서사의 끝에는 울음이 터져 나온다. 그 울음이 정선우 시의 근간을 이룬다. 그리고 그 울음에는 세계의 공백으로 자리 잡은 '네'가 있다.

4. '너'라는 공백의 정동

정선우의 시는 닿을 수 없는 '너'(혹은 '당신')로 가득하다. 정선우의 시에서 '너'는 또 다른 결여의 양상이다. "나의 시는 네가 없는, 나만 살아 날뛰는 일인칭이다"라고 고백하고 있듯이, 정선우의 시는 '너'라는 결여로 충만하다. 그러니 그의 시적 고백은 울음처럼 "상자를 적시고 흘러나"올 수밖에 없다.(「주크박스」) 울음은 결국 '너'를 향해 흐른다. '너'는 이 세계 내에서 정박지로서의 기능을 수행해야 함에도 불구하고 그 자체가 '안개' 속에 휩싸여 있다. '너'와 '나'의 관계는 "낙엽"처럼 "푹 젖고 의도는 잘 드러나지 않"으며, 그 "끝이 어딘지"는 알 수 없다. '너'는 다만 "나의 우연"일 뿐이다. '너'는 "머리카락 한 올까지 이해할 수 없"음에도 "우리는 조금씩 스미어 감쪽같았"으나, 여전히 "서로를 알 수 없"는 상태. '너'의 생각으로 "눈을 감고 목덜미를 더듬으면/맹렬한 감옥"이 된다.(「안개」) 그러니 '너'는 '안개'다. '너'로 가득하지만, '너'는 보이지 않고 그 자체로 결여가 된다.

너는, 그리고 온다 긴 복도처럼, 오로지 비처럼, 기척도 없이 간결하게 스민다 눈 귀를 지운 타인의 얼굴로 어둠을 뚫고 연줄처럼 저기에서 여기로 널브러진다 물보라의 감정처럼 떠올라 번진다 되지 못한 울음이 되지 못한 눈물이 결국 네가 된다 나는 없고 너만 있는 하루, 너는 아름답고 너는 소설 속 기차처럼 8시에도 있고 다시는 돌아오지 않으려고 퍼붓는 소낙비에도 있다 너의 관점에서 시작되는 나는 기약이 없다 살아서 살아지는 사라지는 삶이어서 살아 돌아오지 못할 미로인 네가 좋다 그냥 좋았다 풍요로운 죄목이다 우거진 너는, 너를 깨달았을 때 비로소 네 속으로 들어가서 꿈꾼다 켜켜이 잠겨서 아주 사라질 것처럼 깊이
　　　　　　　　　　　　　　─「안개와 너와 너의 안개」 부분

'너'는 "타인의 얼굴"로 이 세계 속에 존재한다. "눈 귀를 지"웠으므로 알아볼 수조차 없다. '너'는 다만 "되지 못한 울음"이자 "되지 못한 눈물"일 뿐이다. '되지못하다(보잘것없다)'라는 형용사를 사용한 것이 아니므로, 이 구절은 있는 그대로 '울음'과 '눈물'이 "되지 못한" 그 무엇으로 이해해야 한다. 그것이 곧 '너'다. 그러니까 '너'는 완전치 못한 '울음'과 '눈물'로 존재한다. '너'는 이 세계에 존재하지만, '너'의 존재는 결핍의 형태로 드러난다. '너'의 결핍은 '나'의 결핍이다. '너'의 결핍이 가득할 때, '나'는 지워진다. "나는 없고 너만 있는 하루"를 살아간다. '너'는 결핍 그 자체이므로 "너의 관점에서 시작되는 나는 기약이 없"는 것이다. '나'와 '너'

는 서로 결핍인 채로 뒤섞인다. 도대체 이 사태는 뭐란 말인가. "자라다 자라다 그곳이 허공임을 깨닫고/끝내는 산산이 흩날리는 눈발"이(「꽃 아닌 게 없다고 들었다」) 아니라 '나'와 '너'는 그 자체로 지워진 '공백' 같아 보인다. 존재하지만 부재하는 존재. 세계의 공백이 '나'와 '너'의 심부에 들어앉는다.

  만지도에 갔다 당신이 방파제 끝에 의자처럼 앉아 있다 신문처럼 커다란 바위에 쌓인 햇살, 끝에 있어서 더욱 멀어지는 당신, 왜 하필 지금

*

  마음을 만져 준다 해도 한 사람은 바다의 배경이 되고
  한 사람은 바다를 기억하지 못한다

*

  왼팔이 부러진 파도 위로
  비는 오른발이 찢어진 채 사흘 내내 울고
  물새가 환각처럼 실종된 당신의 눈앞을 스쳐 갔다

  출렁다리의 분리불안을 이해한다 익숙하지 않은 골목을 지날 때의
  나를 발견하게 되니까

*

사이는

여전히 일월화수목금토의 밖에 있다

—「섬과 섬 사이」 전문

이 시는 '나'와 '당신'의 '사이'에 내재된 이미지를 드러낸다. 그것은 '나'와 '당신' 사이에 펼쳐진 '바다' 이미지로 구현된다. '당신'은 만지도 방파제 끝에 있고, "끝에 있어서 더욱 멀어지는" 중이다. 급기야 '당신'은 '나'로부터 "실종"된 상태다. 부서지는 파도 위로 비가 내린다. "왼팔이 부러진 파도 위로" "오른발이 찢어진 채 사흘 내내" 우는 비가 내린다. '당신'은 "바다의 배경이 되"었거나, '바다' 그 자체가 되었는지도 모른다. '나'와 '당신'의 '사이'에는 '바다'가 있다. 그것은 "실종된 당신"으로 인해 아무것도 없는 일종의 공백과도 같은 '바다'다. '나'와 '당신'의 '사이'는 일상의 차원을 벗어나 있다. "사이는/여전히 일월화수목금토의 밖에 있"는 것이다. '당신'은 공백을 이끌고 다니는 존재다. 이 세계의 결여인 것이다. 정선우 시에서 '당신'(혹은 '너')은 이 세계에 내재된 결여의 외현화다. 이로써 마침내 '나' 또한 공백이 되고 마는 것이다. 왜 아니겠는가. "당신을 비롯한 나는 사라진 것을 믿었다"(「흰색 교향곡 2번」).

시인은 스스로가 공백임을 안다. '나'를 포함하여, '당신'

과 이 세계 또한 '공백'임을. 그러나 이 세계를 가득 채우고 있는 것은 이미지들이다. "유리 조각이 나를 통과"하듯이(「아무도 이름 부르지 않았다」), 이미지들은 시인의 감각을 일깨운다. 그 감각의 일생 끝에 시인은 "뼈대만 남은 울음"을 마주한다(「몇 개의 표정」). "섬세한 취향에 골몰"하며 "엔딩의 예감을 배경으로" "생각이 뾰족한 지붕 끝을 더듬어 보"기도 한다(「내향적인 방」). 사유("생각")의 "뾰족한 지붕" 끝에는 이 세계의 공백이 자리 잡고 있다. 그 공백을 시인은 알고 있다. 하지만 아는 것과 정동하는(affecting) 것은 다르다. 이미지들에 감금된 신체로 파고드는 공백의 정동은 '에고 살해'를 넘어서 '너'의 살해와 세계의 살해로 이어진다. 시인의 사유는 그 모든 것에 기입된 공백으로부터 비롯되는 정동을 마주하는 중이다.

시인은 이미 알고 있다. "거울 속 의자의 저 여인"이 "나를 훔쳐 입은 게 분명하다"는 사실을(「흰색 교향곡 2번」). 그 모든 서사의 결여를. "거울 밖이 파지보다, 폐기될" 이 세계의 "이야기보다 안전"하다는 사실을(「정선우」). 모든 서사의 바깥이 이 세계 내부에서 펼쳐지고 있다는 사실을. 하지만 놀라워라. 그럼에도 '나'는 날마다 "우후죽순 눅눅한" 채로 "태어나고 있"는 것이 아닌가(「깡」). 하여, 시인은 울음을 견디면서 사력을 다해 자신의 '그림자'를 "반에서 반으로 줄"이려 애를 쓰고 있다(「버리고 있다」). 스스로 공백이 되는 과정을 견뎌 내는 것이 정선우의 시다. 시인은 이미 자신의 시를 한 문장으로 요약하고 있다. 시인의 한 문장으로 이 글을 맺자.

나는 최소한으로 피었다가

최대한 흔들리는 손금을 쥐고 있다

―「나의 식물도감」 부분